Contraste insuffisant
NF Z 43-120-14

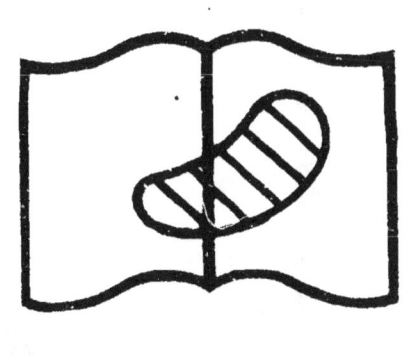

Illisibilité partielle

Valable pour tout ou partie
du document reproduit

Couvertures supérieure et inférieure manquantes

FABRI DE PEIRESC

ET

LA NUMISMATIQUE MÉROVINGIENNE

PAR

M. Maurice PROU

(Extrait des ANNALES DU MIDI. — Tome II.)

TOULOUSE
ÉDOUARD PRIVAT, IMPRIMEUR-LIBRAIRE
45, RUE DES TOURNEURS 45

1890

FABRI DE PEIRESC

ET

LA NUMISMATIQUE MÉROVINGIENNE

PAR

M. Maurice PROU

(Extrait des ANNALES DU MIDI. — Tome II.)

TOULOUSE
ÉDOUARD PRIVAT, IMPRIMEUR-LIBRAIRE
45, RUE DES TOURNEURS 45

1890

FABRI DE PEIRESC

ET

LA NUMISMATIQUE MÉROVINGIENNE

Peiresc, digne élève de Bagarris[1], avait réservé dans son cabinet d'antiquités une place importante aux médailles comme il avait consacré à leur étude une bonne partie de son temps. De bonne heure il se montra curieux des « anticailles ». Il avait à peine quinze ans que déjà il commençait à rechercher et à réunir des monnaies anciennes. La première pièce qui entra dans son médaillier fut un sou d'or d'Arcadius, trouvé à Belgencier, et dont son père lui fit présent. Aussitôt son ardeur pour la numismatique s'éveille; il déchiffre les légendes, et, tout joyeux, il court faire part de sa découverte à son oncle, qui lui donne deux autres monnaies[2]. Tels furent les modestes commencements de ce cabinet plus tard si riche et si célèbre. Dès lors, une avide curiosité d'apprendre s'empara de l'esprit du jeune Peiresc; une curiosité telle que Gassendi n'hésite pas

---

1. Sur les entretiens fréquents que Peiresc, encore jeune, eut avec Bagarris, voyez Gassendi, *Viri illustris Nicolai Claudii Fabricii de Peiresc, senatoris Aquisextiensis vita*, éd. in-4° (La Haye, 1651), pp. 22 et 23, ad annos 1597 et 1598. On sait que Bagarris fut nommé par Henri IV intendant des médailles et antiques du roi. Voyez Tamizey de Larroque, *Les correspondants de Peiresc*, XII, Pierre-Antoine de Rascas, sieur de Bagarris, Aix, 1887, in-8°. (Extrait des *Mémoires de l'Académie d'Aix*.)

2. Gassendi, *De vita Peireskii*, ad ann. 1595, p. 17.

à en comparer la violence à celle d'un feu qui dévore une forêt[1]. Peiresc mit à profit ses voyages en France, en Italie et en Flandre pour enrichir son médaillier. Si les monnaies antiques furent toujours celles qu'à l'exemple de ses contemporains il rechercha avec le plus de passion, il ne négligea point cependant de recueillir les monnaies du moyen âge et spécialement les monnaies françaises. C'est ainsi qu'en 1606 il rapporta de Flandre quarante pièces d'or mérovingiennes et quelques autres d'argent, cinquante deniers d'argent carlovingiens et surtout un sou d'or de Louis le Pieux qu'il estimait, à juste titre, une des raretés de sa collection[2]. Au cours de ce voyage dans les Pays-Bas il avait visité le cabinet du duc Charles de Croy, qui, par une générosité digne d'un si grand seigneur, l'avait obligé à emporter comme souvenir de sa visite toutes les monnaies royales de France qu'il possédait[3]. Peiresc, par l'empressement qu'il mettait à faire part de ses richesses à tous les savants, méritait bien qu'on en usât aussi libéralement à son égard. Gassendi rapporte[4] qu'il donna à Paul Petau des monnaies mérovingiennes, parmi lesquelles un sou d'or au nom de Clotaire et un tiers de sou de Reims, portant d'un côté REMUS FIT et de l'autre FILAPARII. C'est *Filamanti* qu'il fallait lire.

Désireux d'augmenter ses collections pour satisfaire à ses goûts, mais surtout (il l'a dit maintes fois et bien modestement) pour « aider le public », il chargeait ses amis et ses correspondants de lui acheter tous les objets antiques qu'ils rencontraient ; parfois il leur envoyait des instructions détaillées, comme celles-ci rédigées en 1628 pour Denis Guillemin, prieur de Roumoules, qui devait aller à Montpellier : « Il faudra voir M. Ranchin, chancelier de l'Université de médecine, et luy rendre ma lettre et tascher de voir son cabinet, mesmes

---

1. Gassendi, *ibid.*, p. 48.
2. Gassendi, *ibid.*, ad ann. 1606, p. 134.
3. Gassendi, *ibid.*, ad ann. 1606, p. 133-134.
4. Gassendi, *ibid.*, ad ann. 1605, p. 114.
5. Voyez L. Delisle, *Un grand amateur français du dix-septième siècle, Fabri de Peiresc*, pp. 8 et 9. (Extr. des *Annales du Midi*.)

de jetter les yeux, s'il se peult, sur ses médailles d'or... Voir s'il a une médaille d'or d'Arzinoé grecque de 9 ou 10 escus d'or de poids... S'il donne quelque parolle considérable touchant le prix de son cabinet, il le fauldroit escripre soit de Montpellier ou de Thoulouse. Sçavoir aussy quel nombre il a de médailles grecques tant d'or et d'argent que de cuyvre séparement des autres [1]. »

Esprit largement ouvert, Peiresc ne restait indifférent à aucune des branches de la numismatique. Ses amis étaient toujours sûrs d'être les bienvenus en lui procurant des monnaies, si peu de valeur qu'elles eussent; c'était pour eux un moyen de reconnaître ses bons offices. A défaut de belles monnaies grecques, le prévôt de Notre-Dame d'Avignon lui offrait de simples méreaux. Soyons certains que Peiresc a dû leur faire un bienveillant accueil; en tout cas, ils ont été pour Montdevergues l'occasion d'écrire à son savant ami le conseiller d'Aix une lettre intéressante par les renseignements qu'elle nous donne sur l'usage qu'on faisait des jetons de présence dans le commerce au moyen âge :

« Monsieur, ayant M. le Prévost de Nostre-Dame cherché tout ce qu'il a peu pour satisfaire à vos désirs, enfin il a trouvé deux médailles cy incluses, l'une desquelles porte le sceau du cachet du Chapitre, qui est l'image de Nostre-Dame avec le croissant sous les pieds; l'autre les armoiries dudit Chapitre, desquelles aussi il vous en a fait faire le griffonnement coloré comme vous verrés... Lesdites médailles c'estoient les marques que le capiscol donnoit aux prestres qui assistoient à l'office pour tirer leurs prébendes à proportion de leurs services; l'une servoit pour matines, l'autre pour la messe et vespres; et au bout du mois chacun rapportoit ces marques. Et quand ils avoient besoin de quelque chose sur mois, ils portoient lesdites marques aux marchans, qui les prenoient pour autant d'argent comptant; parce que au bout du mois le capiscol les reprenoit et leur donnoit le mesme qu'auxdits prestres.

---

[1] Tamizey de Larroque, Les correspondants de Peiresc, X, Guillaume d'Abbatia, p. 35.

De cela appert qu'on ne marquoit point les absents sur le livre comme l'on fait maintenant. Ledit sieur Prévost a eu peine de trouver lesdites médailles... Il m'a dit aussi que lesdites médailles et l'usage de icelles est de plus de six cents ans et qu'il n'y a pas plus de trois cents ans qu'on en usoit encore... »[1].

Pourquoi parler de la facilité avec laquelle Peiresc ouvrait son médaillier? Numismatiste ou bibliophile, c'est toujours le même homme, jaloux d'être utile aux savants, libéral à l'excès. Des médailles sont choses que les amateurs — je parle des moins égoïstes — n'aiment pas à voir sortir de leurs tiroirs ; ce sont objets bien petits et faciles à égarer. Un numismate qui permet à ses amis de regarder les pièces de sa collection, de les toucher du bout des doigts ou d'en prendre des empreintes, a droit à leur reconnaissance. Peiresc, lui, faisait voyager ses médailles. Le P. Valladier ayant entrepris un recueil de portraits des personnages les plus célèbres de l'histoire d'Avignon, le savant collectionneur voulut lui envoyer celles de ses médailles qui pouvaient lui être utiles. Il fallut que le P. Valladier, aussi délicat que son ami était généreux, refusât, assurant que des empreintes feraient tout aussi bien son affaire : « Touchant l'offre que vous me faictes de vos rares pièces, je ne le puis accepter (permettés me le, s'il vous plaist), m'estant autant les extraits pour ce que j'en ay à faire comme si je les avois gravées sur le diamant. J'ay admiré surtout celle de la reyne Jeanne, de laquelle vous faictes tirer le portraict qui sera bien un chef d'œuvre pour mon entreprise... Quant à la *medaglie* de Clément VI, c'est celle qui peut servir le plus ; j'en ay retenu les essais qui sont fort beaux et que je prise au prix de l'or. S'il vous plaisoit de m'envoyer plus au net les essais des autres papes, que je vous renvoye, je le prendrois à grand heur[2]. »

Le cabinet de Peiresc était comme un musée public : chacun

---

1. Lettre de Jérôme de Lopès, sieur de Montdevergues, à Peiresc, écrite d'Avignon le 15 février 1629, publiée par Tamizey de Larroque, *Les correspondants de Peiresc*, VIII, *le cardinal Bichi* ; Paris, 1885, in-8°, p. 29.

2. Tamizey de Larroque, *Les correspondants de Peiresc*, VIII, *le cardinal Bichi*, p. 42.

pouvait en tirer les matériaux dont il avait besoin? Aussi ce fut un deuil dans le monde des savants quand on apprit en 1623 que Peiresc venait d'être la victime d'un voleur. Déjà en 1607 un de ses domestiques avait fait main basse sur quelques-unes de ses monnaies impériales[1]. Mais le vol de 1623 fut pour son cabinet un vrai désastre; il eut lieu pendant le séjour de Peiresc à Paris. Quand le savant antiquaire revint à Aix se promettant grande joie de revoir tous les objets précieux qu'il avait eu tant de peine à réunir, quelle ne fut pas sa douleur en ne trouvant plus le « cabinet d'ébène » où il avait renfermé ce qu'il avait de plus curieux, et notamment plus de douze cents médailles antiques, plus de cent cinquante médailles d'or et d'autres choses encore, pour une valeur de plus de 2,000 écus[2]. Sa piété filiale l'empêcha de rechercher le coupable. Il craignait de chagriner son père alors malade et à qui il avait confié la surveillance de ses collections pendant son absence.

La nouvelle du malheur survenu à Peiresc se répandit très vite parmi les savants. Du reste, lui-même l'annonça à tous ses amis. Je ne puis résister au plaisir de citer ici deux extraits de ses lettres à Dupuy, où éclate tout entière la délicate et pieuse résignation dont il fit preuve dans son infortune. Il écrivait, le 6 décembre 1623, à Dupuy :

> Parmy tout cela, j'ay eu un si sensible desplaisir m'estant apperceu que pendant mon absence on avoit vollé mon cabinet et emporté plus de deux mille escus de médailles d'or, pierreries et autres singularitez, que je ne sçay comme avoir assez de courage pour y r'entrer, m'appercevant tous les jours de pertes que je n'avois pas recognues d'abbord, tant y a qu'enfin il fault se résoudre à la patience[3].

---

[1]. Gassendi, *De vita Peireskii*, ad ann. 1607, p. 150. — C'est à ce vol que se rapporte une liste de 49 monnaies impériales romaines d'or de Jules César à Héraclius, insérée dans le ms. fr. 9534 de la Bibliothèque nationale, fol. 29 v°, sous le titre : « Médailhes d'or desrobées à M. de Peiresc. »

[2]. Gassendi, *ibid.*, ad ann. 1623, p. 284. Voyez une lettre citée par Bonnaffé, *Dictionnaire des amateurs*, p. 246; et encore, Tamizey de Larroque, *Les correspondants de Peiresc*, III, J.-J. Bouchard, p. 77.

[3]. Tamizey de Larroque, *Lettres de Peiresc aux frères Dupuy*, n° III, p. 9.

Et, le 28 décembre, s'adressant au même :

Monsieur, j'ay receu par la voye de Messieurs de Sève de Lyon... vostre lettre du dernier de novembre passé... et vous remercie trez-humblement de la part qu'il vous a pleu de prendre en mon desplaisir en une si sensible perte que j'ay faicte, en laquelle véritablement le public a quelque interest quant et quant, car il y avoit quelques curiositez dont on pouvoit ayder aulcunement le public en choses qui ne se pourra pas aisément apprendre d'ailleurs. Mais il fault se contenter de jouyr des biens que Dieu nous donne, aultant et si longuement qu'il luy plaist les nous laisser, aussy bien que des enfants et des parents et amys et le louer de ceux qu'il nous laisse, lesquels il nous pouvoit avoir ostez aussy bien que les autres. Et de faict, quand je rencontre quelque pièce qui est eschappée des mains des volleurs, il me semble qu'on me la donne tout fraischement et que j'en doibs bien de reste, puisqu'elle n'a esté emportée, voilà toute la consolation qui m'en reste et je crois qu'il s'en fault contenter, puisqu'en vain se mettroit-on en peine d'en chercher d'autre [1].

Voici maintenant une lettre du célèbre numismatiste Poullain, écrite à Peiresc le 8 août 1624. Ses sentiments de douloureuse sympathie à l'égard de son ami sont exprimés dans une langue si obscure et si maladroite que j'aurais passé cette lettre sous silence s'il n'y était question d'un tiers de sou mérovingien de Bayeux [2].

MONSIEUR,

Il est très vray que la perte que vous avez faite en touttes les espèces antiques qui vous ont esté desrobées m'a grandement affligées. Plus, il fault que je die qu'un amy doibt ressentir l'affliction qu'en peult recevoir son amy en ce que vous n'y aviez espargné la peine, le travail et la despense jusques à aller en Angleterre, Flandres, Italie et partout ailleurs pour rechercher quelques espèces de monnoye antique qui peult servir de moniment à la postérité, et aussy que vous en aviez amassé un bon nombre qui pouvoit servir de quelque esclaircissement et à nostre histoire, et encores du cours qu'avoient eu aultres fois telles espèces, qui est le vray

---

1. Tamizey de Larroque, *Lettres de Peiresc aux frères Dupuy*, n° IV, p. 13.
2. Cette lettre se trouve à la Bibliothèque nationale, dans le manuscrit français 9532, fol. 154. Je ne publie pas la fin de la lettre relative au congius romain.

usage à mon advis et le plus solide que l'on puisse rechercher en telles espèces. Mais puisque cet accident est survenu et que dans cette perte vous n'y avez peu trouver aulcun remède, j'ay creu aussy que de vous mesmes vous trouverez une consolation dans cette impossibilité où je vouldrois vous y pouvoir servir, encore que pour le regard de *la pièce d'or de Loys le débonnaire*, qui porte pour inscription *Munus divinum*[1] et de laquele vous me mandez que je poise un contrepoids, je ne scay que c'est et n'en ay jamais ouy parler ; mesme j'ay esté veoir M. Monthault qui m'a dit qu'il ne l'avoit j'amais veüe : souvenez vous de quelque aultre auquel vous l'ayez baillée et si c'est personne qui soit demeurante en cette ville je ne manqueray de vous en donner toute sorte de contentement au premier voyage que je vous escriray. Et pour celle d'or qui porte *Baiocas* et de l'aultre costé *Roccone* je n'en avois aulcun contrepoids. Mais j'ay esté veoir led. sr de Monthault qui me l'a communiquée et que j'ay exactement poisée et fust *trouvée poiser III deniers VIII grains trébuchans juste*. Monsieur de Valeusse vous pourra tesmoigner qu'il ne se trouve à présent aulcune espèce de monnoye antique sur les changeurs ny mesmes des *moutons à la grand laine*. J'y ay esté. Surtout l'un d'entre eulx m'avoit promis de rechercher dans ces vielles espèces d'or, mais après il m'a dit n'en avoir point. Aussy que j'en pourray recouvrer je ne manqueray à vous en envoyer...

Peiresc, grâce à ses recherches, grâce aussi au zèle de ses amis, put réparer en partie les pertes considérables qu'il avait éprouvées. A sa mort, son médaillier comprenait au moins dix-sept mille trois cent quatre-vingt-douze pièces. Je ne puis donner un chiffre exact, car l'inventaire fait après décès de ses collections n'indique pas, pour un certain nombre de paquets, le nombre des pièces qu'ils contenaient [2].

Peiresc n'était pas un de ces amateurs pour qui la numismatique consiste à aligner de belles monnaies dans des cartons. Le poids des monnaies, leur valeur, leurs noms, le cours qu'elles avaient eu aux siècles passés étaient autant de ques-

---

1. Ce sou d'or de Louis le Débonnaire était une des pièces enlevées à Peiresc.
2. J'ai consulté une copie faite au dix-huitième siècle de l'« Inventaire des médailles, graveures, pierres précieuses et poids antiques du cabinet de feu Mr de Peiresc », et contenue dans le manuscrit français 9534 de la Bibliothèque nationale.

tions qu'il cherchait à résoudre. A cet effet, il avait réuni un grand nombre de documents qu'il avait copiés et fait copier de toutes parts. Ces matériaux sont aujourd'hui reliés dans un volume de la Bibliothèque nationale, le manuscrit français 9533. C'est un entassement de notes les plus diverses ; à la fin, quelques documents originaux du seizième siècle. Mais ce qui en ressort très nettement, c'est le souci que Peiresc avait, non seulement de la numismatique proprement dite, mais aussi et surtout de l'histoire monétaire. Il recueillait des documents même pour des époques très voisines de lui. Il avait déjà compris tout l'intérêt de ces cris de monnaies du seizième siècle que bibliographes et numismatistes se disputent aujourd'hui. Dans un « roolle des libvres envoyez à Monsieur Poullain le 8 juillet 1613 [1] », je relève : « Grida delle monete di Genoa, fatta di ordine dal molto Ill.re magistrato della Moneta, publicata nel mese de Luglio 1611. Imprimée en placard in Genoa appresso Jos. Pavoni. 1611 ». Peiresc joignait à son envoi : « un poids de marc de Gênes, un vieux poids de marc de Marseille, un vieux assortiment de poids octogones ». Je ne crois pas moins intéressant de transcrire ici le détail des livres, monnaies, empreintes et contrepoids envoyés par Peiresc, dans un autre paquet, au même Poullain :

Roolle du contenu au pacquet envoyé présentement le 30 juillet 1613.

Criminalium jurium civitatis Genuæ libri duo cum additione plurium decretorum, legum & aliorum in dicta materia conditorum. Cum privilegio. Genuæ, apud Josephum Pavonium. MDCIII, fol.

Bando sopra li scudi ducali Fiorentini, publicato il di 23 Gennaio 1556. In Fiorenza appresso Giorgio Marescotti, in-4°.

Bando sopra la valuta dello scudo fiorentino & delli altri non prohibiti, publicato in Firenze il di 15 di luglio 1556. In Fiorenza nella stampa di Giorgio Marescotti, in-4°.

Bando delle monete forestiere & oro di bassa legha publicato alli 27 nov. 1557. Nuovamente ristampato in Fiorenza nella stamperia ducale appresso Giorg. Mar. 1575. 4°.

Renovatione sopra li scudi ducali fiorentini, publicato il di 24 settembre 1558. In Fiorenza appresso Giorg. Maresc. 4°.

1. Bibl. nat., ms. fr. 9533, fol. 272.

Bando publicato sopra le monete tose et cartocci, à dì 5 di gennaio 1563. In Firenze appresso Giorg. Mar. 4°.

Bando delle prohibitioni delle monete forestiere & fiorentine tose, eccettuato per un anno solo tre sorte di monete genovese. Publicato à dì 24 di luglio 1577. In Fiorenza appresso Giorg. Mar. in-4°. Con le figure delle monete.

Provisione sopra la valuta delle monete forestiere che si danno & ricevano circa il contrattare & altro nella città di Pisa & luoghi convicini, fatta & publicata d'ordine del sereniss° card. Granduca di Toscana. N. S. & per S. A. S. per partito delli molt. mag^{ci} et clar^{mi} SS^{ri} luogotenente & consiglieri della rep. Fiorentina, il dì 15 di marzo 1587. In Firenze appresso Giorg. Maresc. 1587. 4°

Provisione sopra la valuta delle monete forestiere nelle terre della Romagna di S. A. S. & di là dall' Alpe. Publicata in Firenze il dì 31 di gennaio 1588. In Firenze appresso Giorg. Marescotti. 4°.

Bando sopra il non potersi spendere quattrini forestieri. Publicato à dì 11 decembre 1603. In Firenze appresso li heredi di Giorgio Maresc. 1603. 4°.

Valore de' ducati et scudi nello stato di S. A. di Savoya dall' anno 1400 infin a l'anno 1607 et d'alcune monete antiche, diviso in tre capi.

I. Valor del ducato & delle monete antiche secondo il Neuizano.

II. Valor del scudo del sole & d'Italia dall' anno 1530 insino al 1586.

III. Prezzi correnti della doblo di Spagna, scudo d'oro d'Italia, zecchino di Savoya, ducatone, & altre monete d'argento dell' anno 1586 in poi. M^{stto}.

Plus :

Un escu au soleil du roy Louys XII battu dans Gênes.

L'empreinte du franc à pied de Provence du poids de 3 d. moins 2 grains $\frac{1}{2}$.

L'empreinte du franc à pied semblable de M. Beaumond du poids de 3 d. moins 1 gr. $\frac{1}{2}$.

Une once antique romaine qui s'est trouvée du juste poids de celle du poids de marc de France.

L'empreinte d'une double once arabesque pesant 2 onces moins 26 grains.

L'empreinte de la libvre de Thoulouse de l'an 1239.

Le contrepoids estallonné et adjusté sur lad. libvre.

L'empreinte du quarteron de Thoulouse dud. an 1239.

Le contrepoids dud. quarteron.

L'empreinte de l'once de Thoulouse.

Le contrepoids de lad. once.

L'empreinte de la demy once de Thoulouse.

Le contrepoids de lad. demy once.

Une attestation du marqueur des poids de marc de Gênes envoyez cydevant.

Supputation du poids de la libvre romaine antique de XII. estallonnée sur divers poids antiques tant de bronze que de marbre.

Et de celuy de la libvre de Thoulouse de l'an 1239.

C'est encore dans le manuscrit français 9533, fol. 564, que j'ai trouvé une lettre de Peiresc au sieur Alard, à Compiègne, datée du 5 janvier 1607, relative au sou d'or et à sa valeur. Peiresc y a, l'un des premiers, étudié les textes des lois barbares mentionnant le rapport du sou au denier, textes qui depuis ont donné lieu à de nombreuses dissertations. Si l'on estime qu'en quelques points il s'est entièrement trompé et qu'en général il a fait preuve de plus de curiosité et d'érudition que de critique, au moins sera-t-on tenu à quelque indulgence à son égard en songeant qu'il a abordé dans cette ettre l'étude de problèmes auxquels la science moderne, malgré tous ses efforts, n'a pas encore trouvé de solutions satisaisantes.

Monsieur,

Le changement que j'ay trouvé en nostre maison quand j'ay esté de retour de mon voyage m'advenu par le décès de ma feu mère, m'a surchargé de tout plein de petites affaires et m'a tenu presque toujours absent de chez nous jusques à maintenant. Cela me servira, s'il vous plaît, d'excuse envers vous si je responds si tard à voz lettres du 4 octobre, lesquelles je n'ay veu que depuis deux jours en ça, bien qu'il y a asses long tempz qu'on les avoit rendues à Mr de Callas, mon père, lequel avoit oublié par mesgarde de me les envoyer. J'y trouvay les extraictz de trois chartres que je désirois, dont je vous remercie de tout mon cœur, désireux de m'en revancher par tout les moyens dont je me pourray adviser. Monsr Poulain m'escrit qu'il n'a pas osé ouvrir vostre lettre, dont je suis marry, car j'eusse désiré d'entendre son opinion sur l'intelligence des espèces de monoye mentionnées en la chartre du Roy Robert, sur quoy il me seroit bien malaisé de vous donner aulcune résolution pour à ceste heure, si vous n'advouez que ces termes « duas libras denariorum et octo solidos » se puissent interpretter « deux livres huict sols de monoye » comme s'il n'avoit ce mot « denariorum » que pour monstrer que tous les fruictz, droictz, et emolumentz de ceste terre réduitz « en monoye » se montoient à deux livres huict sols, ou bien « deux livres en denier d'argent et huict sols en or », comme qui diroit quarante escus en denier d'argent et huict escus d'or. Car il n'y a point de doubte que le solidus n'ait esté une monoye d'or tant que la première et seconde race de noz rois ont duré en France et qu'il n'aye tousjours voulu (sic) quarante deniers d'argent ou peu s'en fault, comme vous aves très bien remarqué dans les Annales de Mr Masson, et comme il est aisé à voir dans la pluspart des articles de la Loy Salique, et en plusieurs lieux des loys françoises, gothiques, lombardes et aultres de mesme siècles, dont je vous en citteray possible quelqu'une ci dessoubz. Vous aures peu voir aussy dans le livre de Pithœus que je vous envoyai à la fin des Annales incerti auctoris, soubz l'an DCCC LXXXII, où c'est que les grandz présantz que Charles le Chauve donna à Sifrid roy des Normans sont exprimés aysin : « Munera autem talia erant IN AVRO ET IN ARGENTO bis mille libræ et LXXX vel paulo plus, LIBRA PER XX SOLIDOS COMPVTATA. » Vous aves, dis-je, veu que la livre comprenoit aussy bien l'argent comme l'or, bien que sa valleur ne se rapportast proprement qu'au nombre de vingt sols d'or, et par conséquent que « libra denariorum » se doit entendre de la valleur de 20 sols d'or, bien que ce soit en deniers d'argent ; je dis au nombre de XX sols d'or, car il fault dire qu'il en falloit XXII pour faire le poidz d'une livre d'or, puisqu'il se trouve une loy de Pepin en ces propres motz : « De moneta constituimus ut amplius non habeat *in libra pensante* nisi XXII solidos et de ipsis XXII solid. monetarius accipiat solidum unum, et illum alium domino cujus sunt reddat ut immunitates conservatæ sint. » Que ce fussent espèces d'or, oultre un monde de preuves celle-cy est evidente par les motz d'une loy du roy GVNDEMARVS roy des Gothz d'Hespaigne, lequel dict (lib. 8, tit. 4, cap. 4) : « Si intra domum suam violenter aliquis includatur etc., auctor sceleris det domino vel dominæ AVRI SOLIDOS numero XXX etc. » sans exprimer le mot AVRI non plus qu'en plusieurs aultres loys. Voyci un ou deux chapitres de la Loy Salique, tit. 2, chap. 5 : « Si quis porcellum furaverit qui sine matre vivere possit etc. in XL DENARIIS qui faciunt solidum unum culpabilis judicetur etc » ; eodem tit., cap. 8 : « Si quis porcum anniculum furaverit etc CXX DENARIIS QVI FACIVNT SOLIDOS III culpabilis judicetur etc. » et aysin des aultres. Et toutesfois il semble y avoir eu une sorte de SOLIDVS qui ne valloit que douze deniers. Car une loy de Charles le Grand est conceue en ceste sorte (lib. IV, cap. 106, ou bien lib. IV, cap. LXXV en l'édition de Pithœus) : « Ut omnis solutio atque compositio quæ in Lege Salica continetur inter Francos per XII DENARIORVM SOLIDVM componatur, excepto ubi contentio contra Saxones et Frisiones exorta fuerit, ubi volumus ut XL denariorum quantitatem solidus habeat quem vel Saxo vel Frisio ad partem Salici Franci cum eo litigantis solvere debet ». Mais il se peult faire aussy que l'Empereur n'ait point voulu changer le mot de solidus exprimé dans les loix saliques, ains qu'il se soit contenté de modérer sa valleur jusques au dessoubz d'un tiers de l'ordinaire pour la faveur et mérite des François, retenant néantmoins le vieux mot de SOLIDVS comme affecté aux peines portées dans lesd. loix. Or que telles ordonnances n'eussent point encor esté changées du tempz du roy Robert il y a tout plein d'apparence puisqu'il estoit encor si voysin du temps de la seconde race et que mesmes long tempz après luy les livres d'or ont esté en usage dans le domaine des empereurs et de la pluspart des princes voysins. De vostre mot BVNARIVM je ne scaurois vous dire rien qui vaille si je ne vois les clausules toutes entières où il est inséré. Toutesfois il me semble avoir leu autrefois en la Somme rurale que c'est un « certus terræ modus » comme jugerum, actus, aripennis, ou pour mieux dire arvipendium et possible BENARIVM et un mot renversé de ARIBENIS qui est presque le vieux mot gaulois suivant [ce que] dit Collumel, lib. 5, cap. 1. Vous trouveres cy joinct l'extraict que je vous avois promis de la chartre [de] St Mor les Fossés où est déclaré le parantage de la mère de Charles le Simple et le jour du trespas de sa fame Fridérinne. Je vous feray tousjours part tres volontiers de ce que je pourray rencontrer de plus curieux mesmes de tout ce qui vous pourra conserver. Si vous aves une médaille d'argent parmy les vostres laquelle n'est guières bien conservée mais elle est à peu près semblable au desseín que j'ay enclos céans, s'il ne vous est incommode de vous en priver vous m'obligeres de me l'envoyer dans la première lettre que vous m'escrires. Excuses moy si je suis trop presumpteux envers vous et soyes d'autant plus libre à en prendre vostre revanche en me commandant avec toute auctorité et me tenant s'il vous plaict toujours pour, Monsieur,

vostre plus affectionné serviteur.

Peiresc.

Avec vostre congé je salueray tres humblement M' le lieutenant Loysel.
A Aix en Prouvance ce 5 janvier 1607.
Si vous me voules escrire il vous faut servir de l'adresse que je vous laissay par escrit à Mons'. Cesare Cenami en la rüe de la Verrie, ou

bien : à monsʳ Icard, demeurant en la rue de Betisy prez Mʳ le Chancellier devant le...... [1], lequel a charge à Paris de toutes les affaires de nostre maison et me faira tenir vos lettres fort promptement et asseurément. »

Pour en finir avec le manuscrit français 9533, nous y prendrons (fol. 510) une note sur une pièce d'argent qui paraît être du huitième siècle :

« Pièces d'argeant dont le caractère semble devant Charles Magne. Poids : 1 den.

+ RACIO SCI MARTINI. Une teste sans barbe à cheveux asses longs comme de prebtre.

℟ + DIEL○ CNCNICI. Un temple croisé. »

Ce manuscrit n'est pas le seul des manuscrits de Peiresc qui contienne des notes relatives à la numismatique; ce n'est pas même le plus important. Il doit céder le pas à deux volumes conservés aujourd'hui au musée Meermann-Westreenen, à la Haye, sous le n° 80, et sur lesquels M. L. Delisle a attiré l'attention des érudits français [2]. L'un des volumes est intitulé : *De nummis Græcorum, Romanorum et Judæorum. Tractatus de monetis. Catalogi rerum antiquarum;* l'autre, *Nummi gallici, gothici, italici, britannici, arabici et turcici.* Ces deux volumes, après avoir appartenu à Jérôme Bignon, ont passé successivement dans les mains de Claude de Boze, de Cotte, de Van Damme et du baron de Westreenen.

« Ce sont, dit M. Delisle, des notes sommaires..... Peiresc y a marqué au courant de la plume les nouvelles qui lui arrivaient sur les découvertes de trésors, sur les pièces qu'il fallait voir chez tel ou tel amateur, sur les brocantages qu'il

---

1. Mot illisible par suite d'une déchirure.
2. Voyez les notes de MM. Campbell et L. Delisle, dans Niepce, *Archéologie lyonnaise. Les Chambres de merveilles ou Cabinets d'antiquités de Lyon;* Lyon, s. d., in-8, pp. 91 et 92. — Voyez encore Lambert, *Catalogue descriptif et raisonné des manuscrits de la bibliothèque de Carpentras;* Tamizey de Larroque, *Les correspondants de Peiresc,* XII. *Pierre-Antoine de Rascas,* p. 29; Bonnaffé, *Dictionnaire des amateurs,* Introduction, p. IV.

faisait, sur l'opinion que divers connaisseurs avaient au sujet de médailles rares et inexpliquées. » Ce qui met une différence essentielle entre le manuscrit de Paris et les manuscrits de la Haye, c'est que tandis que les notes réunies dans le premier sont d'origines très diverses, mal classées et d'ailleurs très confuses, les notes des manuscrits de la Haye, au contraire, toutes de la main de Peiresc, sont réparties en un certain nombre de chapitres dont l'ensemble forme comme le programme d'un traité de numismatique complet [1]. Grâce à la libéralité bien connue du Dr M.-F.-A. G. Campbell, directeur de la Bibliothèque royale de la Haye, grâce aussi à l'extrême obligeance du D^r Th.-Ch.-L. Wijnmalen, conservateur du musée Westreenen, à qui j'adresse ici mes sincères remerciements, j'ai pu consacrer quelques heures à l'étude de ces manuscrits et y copier tout ce qui est relatif aux monnaies mérovingiennes.

A la page 99, on lit le titre suivant : « Nummi ex prima stirpe regum Franciæ. » Mais la description des monnaies mérovingiennes ne commence qu'à la page 101.

« Nummi aurei et argentei antiqui.

Ex prima regum Francorum stirpe.

Cum principis nomine.

Nummus aureus qui habet parte altera inscriptionem : CLOTARIVƧ REXI.

Et pro symbolo : regis paludati caput imberbe, diademate gemmato cinctum, Constantiniano scilicet more qui primus laureæ loco gemmatam adsumpsit coronam.

Parte adversa inscriptionem : VIUTORIAIREGIS.

Et pro symbolo : coronam ex, ut videtur, margaritarum filo compositam, in cujus medio quid expressum olim fuerit

---

[1] Le classement des monnaies dans les manuscrits de la Haye n'est pas rigoureux; on verra plus loin que des monnaies gauloises, des monnaies de la 2e race ont été insérées dans le chapitre relatif aux monnaies de la 1re race, non pas par mégarde, mais parce qu'en raison de leur origine Peiresc les avait notées sur la même feuille de papier que les mérovingiennes.

incertum est, ob auri portiunculam seu laminulam, quæ temporis injuria detracta cecidit; quædam tamen adparere videntur extremarum crucis partium vestigia, ut et quarundam juxta ipsam litterarum hoc modo (ici la figure d'une croix potencée, accostée des lettres NΛ au-dessus de la traverse) civitatis forte nomen in qua cusus sit nummus designantium. Vide Procopium, *etc.* »

Le sou d'or qui précède est un sou d'or frappé à Marseille par l'un des rois qui ont porté le nom de Clotaire. C'est la première fois, croyons-nous, qu'on signale une monnaie marseillaise au nom de Clotaire présentant au revers la légende **VICTORIA REGIS**. D'ordinaire on lit, soit **CLOTARIVS REX**, comme au droit, soit **VICTORIA CLOTARII**.

« Omisso principis nomine ejusque loco substituta civitatis et comitis illius mentione penes quem cura monetæ cudendæ fuerit.

Nummus aureus minutus in quo expressa sunt parte altera inscriptio : **REMVω FIT**. Et pro symbolo, effigies regis imberbis paludati duplicique gemmarum ordine coronato.

℞ Inscriptio : **FILANARIVS VII**. Et (pro symbolo) signum crucis globo impositum. »

La description des deux tiers de sou qui suivent est disposée comme celle qui précède. Nous croyons inutile de la reproduire. Il suffit de donner la légende et le type sans tenir compte des formules qui les encadrent.

« Inscr. : **TRECAS**. Et (pro symbolo) regis capillati, forte etiam bachati caput, unico gemmarum ordine coronati. Hunc autem pellibus potius quam clamyde indutum diceres.

℞ Inscr. : **+ AVHOLENVω MON**. Et (pro symbolo) crux globo insistens in corona gemmea. »

Cette monnaie, frappée à Troyes, devait être assez semblable à un tiers de sou du Cabinet de France dont on trouvera le dessin dans *Étude sur quelques monnaies en or et en argent de l'époque mérov.*, pl. II, n° 4, et où le buste semble couvert d'une peau écaillée. Le nom du monétaire a été mal lu par Peiresc. Ce devait être *Audolenus*.

Le reste de la page 101 est occupé par des descriptions de monnaies carolingiennes. La page 102 est blanche. Aux pages 103 et 104 se trouve la collection de Jean Bigot, conseiller à la Cour des aides de Normandie, ainsi indiquée : « Chez M. Bigot, à Rouen. » Puis vient le titre : « Nummuli aurei prioris Francorum stirpis sæculo cusi. » Chacune des monnaies dont la description va suivre est précédée des mots *Aur. min.*, c'est-à-dire *Aureus minutus* ou tiers de sou d'or. Le manuscrit latin 5871 de la Bibliothèque nationale à Paris nous a conservé un autre état de la collection Bigot. Pour les monnaies mentionnées dans les deux états, le manuscrit de Paris fournit souvent des descriptions plus exactes que celles du manuscrit de Peiresc.

« Plena viri facies imberbis, demissa utriusque cesarie, cum inscriptione NIƧTIVωID.

» + EΛEIVS MON. Crux monticulo imposita cum notis utrinque. (Figure d'une croix potencée sur un globe, accostée des lettres numérales VII.) »

Il n'est pas douteux que ce ne soit là un tiers de sou frappé à Sion. Peiresc n'a pas su trouver le commencement de la légende. Il fallait lire ωIDNIƧ TIV ; peut-être l'V de *Sidunis* avait-il été oublié par le graveur du coin ; quand à TIV, ce doit être FIT mal lu. La tête de face apparaît souvent sur les monnaies de cette région ; on la trouve à Genève, Lausanne, Aoste, Saint-Jean-de-Maurienne. C'est la première fois qu'on la signale à Sion. Quant au nom du monétaire, c'est *Aecius*. Il fallait lire au revers ΛECIVS MON+E. On comprendra facilement les erreurs de lecture commises par Peiresc en se reportant au *triens* de Sion figuré dans Le Blanc, *Traité historique des monnoyes*, p. 78, pl. 2, n° 47.

« BAIOCAω. Caput imberbe gemmis cinctum.

℞ FRANCO MO. Crux. (Figure d'une croix potencée traversée en sautoir d'une croix pommettée.) »

Ce tiers de sou de Bayeux a été figuré dans Bouteroüe, *Recherches curieuses*, p. 342, n° 4, et reproduit par Le Blanc, *Traité historique*, p. 78, pl. 1, n° 12. Je ne puis affirmer que cette pièce soit la même qui est décrite la troisième dans le manuscrit latin 5871 de la Bibliothèque nationale, car le rédacteur de ce manuscrit a indiqué entre O et C de *Baiocas* trois points disposés en triangle.

« + NAMNETIS. Princeps gemmis coronatus, cum pectore et regio habitu.

℞ + IOHANNES. Manus de cœlo. »

La description du manuscrit de Paris, déjà cité, est plus exacte.

« + NAMNETIS. Une teste assez bien faicte avec un diadème perlé; fortè gallicè Nantes.

℞ + IOHANNIS. (Figure d'un oiseau tourné à droite perché sur un calice.) Un oyseau dans un calice, le tout assez mal buriné.

Elle poise 27 grains. »

Cette description nous permet d'identifier ce *triens* frappé à Nantes avec celui qui est au Cabinet de France et qui pèse 1 gr. 49. La forme du calice est telle qu'on comprend que Peiresc l'ait pris pour une main.

« BADIRICVS MO. Caput informe.

℞ REDONIS FICI. Crux cum ω. (Figure d'une croix ancrée.) »

La monnaie qui précède, frappée à Rennes, est un peu différemment décrite dans le manuscrit de Paris. L'e de *Redonis* est un ϵ oncial; l'f de *fici* n'a pas de trait horizontal au milieu. Le poids est de 18 grains. Cette pièce a été gravée dans l'ouvrage de Bouteroüe, p. 359, n° 9.

« ... LESO CASTRO. Caput gemmis cinctum.

℣ + AVNOBERTVS MONE. Crux. (Figure d'une croix ancrée.) »

La lettre qui manque en tête de la légende du droit est un B. C'est donc un tiers de sou d'or frappé à Blois. Bouteroüe en a donné l'image, p. 342, n° 6; Le Blanc l'a reproduit, p. 78, pl. 1, n° 15.

« METTIS... Caput informe.
℟ ... BERTE. Crux globo imposita. (Figure d'une croix potencée fichée à un globe.) »

Bouteroüe a fait figurer dans son ouvrage, p. 354, n° 6, un tiers de sou messin tout semblable à celui-ci, d'après un exemplaire du Cabinet de Peiresc.

« + CABILONNO FIT. Caput gemmatum cum pectore paludato.
℣ ... BONNASIVS... Crux gradibus imposita cum notis CA.

DOMNI RAC. Figura strans dextrâ crucem terræ infixam apprehendens, sinistra clypeo innixa, in quo orbiculus; facie ad tergum reversa ubi crux tanquam in cœlis.
+ LAVDILFO. Crux. »

La description qui précède permet de rectifier le dessin de Bouteroüe, p. 349, n° 7, qui porte au revers LAVDILFO. Ce que Bouteroüe et, après lui, Cartier, dans son *Catalogue des légendes* (*Revue numism.*, 1840), n° 510, ont pris pour un I est le premier jambage d'un V. Le monétaire qui a frappé ce tiers de sou pour le fisc (*Domni racio*) s'appelait *Laudulfus*.

« CLARVCCO CAS. Caput radiatum cum pectore habituque reticulato.
+ FANL.....ON. Crux inter quatuor globulos. »

Les légendes sur le dessin de cette pièce donné par Le Blanc, p. 78, pl. 1, n° 23, sont différentes. On lit au droit CLARVCCO CAS; au revers, L manque après N.

« + ANV... .ECAS. Caput gemmatum.

℞) + LAYRARDVS. Crux globo imposita. (Figure d'une croix fichée à un globe et accostée de deux globules au-dessous de la traverse.) »

Je ne doute pas que cette monnaie ne doive être attribuée à Angers. Le monétaire *Launardus*, dont Peiresc a mal lu le nom, est connu dans cet atelier.

« CAVACV VICO. Crux cum ω. (Figure d'une croix ancrée.)

℞) Crux alia duplici brachio in medio numo, sine inscriptione. »

Sur le dessin de cette pièce donné par Boutercüe, p. 342, n° 9, et reproduit par Le Blanc, p. 78, pl. 3, n° 8, on lit CΛVΛGΛ VIEO.

« ΓARISV. Caput imberbe, demisso crine gemmato.

℞) AVTVBFRISV. (Figure d'une croix ancrée.) »

La description de ce *triens* dans le manuscrit de Paris est un peu différente. La voici :

« ΓARISVS. Une teste très mal faicte.

℞) AVTVB.....SV. (Figure d'une croix ancrée.) Elle poise 21 gr. »

On connaît plusieurs monnaies de Paris où le P a la forme d'un gamma grec. Quant au nom du monétaire, c'est peut-être une mauvaise lecture ou une déformation d'*Audectsilus*.

Je ne saurais rien dire de la pièce suivante :

« TVRSINVS. Caput radiatum imberbe sed vetuli.

℞) ..... (Figure d'une croix ancrée.) »

Le manuscrit de Paris donne les lettres TV comme initiales de la légende du revers. Il indique le poids de 21 grains.

« ROωONNOΛI. Caput sine diademate.

℞) FRANILISIFO. (Figure d'une croix ancrée.) »

Le *triens* qui précède a été frappé à *Vosonno*, comme on

s'en convaincra en le rapprochant d'un *triens* de la collection d'Amécourt récemment acquis par le Cabinet de France, et dont voici la description :

« ΛΟωONNOΛI. (*Vosonno vi = Vosonno vico.*) Tête sans diadème apparent.

℞ FΓVNIϽIωIΓ. Croix ancrée sur un globe. »

On comprend comment Peiresc a pris le V renversé pour un R. Au revers, la sixième lettre est le reste d'un C carré. Mais je ne sais s'il faut admettre la forme FRANICISILO, très vraisemblable cependant. En effet, Γ renversé peut être pris pour un R dont le pied serait extrêmement relevé et écarté de la haste ; et quant à l'O final, il est possible que ce soit un globe placé sous la croix. Aussi ne devrait-on inscrire la forme FRANICISILO dans un catalogue de monétaires qu'avec un point d'interrogation et un renvoi à FLA୧ NICISIL.

« CHAROALDO. Caput informe.

℞ + DAƁΓA VICO. Crux. (Figure d'une croix cantonnée de quatre globules, et sous le pied de laquelle deux globules.) »

C'est bien la même pièce que décrit le manuscrit de Paris, avec CHANOALDO au droit. Ce tiers de sou me paraît devoir être attribué à l'atelier de *Darta vico*. Il est figuré dans Bouteroüe, p. 349, n° 6, mais avec CHAROALDO.

« VOCOωANC..... Caput gemmis coronatum.

℞ DACOAL DVS MO. Crux in corona gemmea. (Figure d'une croix fichée à un globule, dans un grènetis fermé à sa base par un petit cercle perlé et centré.) »

On reconnaîtra sans peine dans le tiers de sou qui précède un produit de l'atelier de *Loca Sancto*.

« + SVIΓAIVΛ. Caput gemmatum.

℞ + VINIϚIϚILV. Crux. (Figure d'une croix ancrée, cantonnée de quatre globules.) »

Comment restituer la légende du droit ? Je l'ignore. Mais au revers, je crois qu'il faut lire AVNIGISILV. Je connais une pièce du Vexin, au revers de laquelle on lit AVNEGISILO. La diphtongue AV est formée par un A au second pied duquel se soude un I.

Quant à la confusion graphique du Ç et de l'Ꝛ, elle est fréquente dans les légendes des monnaies mérovingiennes.

Le tiers de sou qui suit est indéterminé. Il a été reproduit par Bouteroüe, p. 336, n° 9, et par Le Blanc, p. 78, pl. 1, n° 9.

« AVIXIA CI FIT. Caput informe.

℞ CHADOALDO. Crux cum alpha. (Figure d'une croix accostée de deux globules sous la traverse, surmontée d'un A, et avec deux globules sous le pied.) »

Le catalogue de la collection Bigot se termine dans le manuscrit de Peiresc par la description d'un tiers de sou du roi wisigoth Reccesvinthe, et celle d'une bulle de plomb, probablement byzantine.

« + RECCESVINOVSN, fortè Reccesvinthus noster. Caput imberbe petasatum, ut videtur.

+ TOLETO PIVS. Crux gradibus imposita.

Bulla plumbea. Figura equestris crucem terræ infixam prolabentem sustinens, millesimum aut XI sæculum redolens.

℞ XX in medio numo, cum limbo dentato seu inscripto
 o
ᗰ
characteribus ignotis. »

Le reste de la page 104 est occupé par la description de deux monnaies placées sous la rubrique « chez Naudin ». Chacune d'elles est qualifiée « Aureus minutus ».

« LEONIω.....ALIA. Caput gemmata corona cinctum.

+ VVANDE.....A. Crux globulo imposita cum litteris EI CI. (Figure d'une croix fichée à un globe, accostée des lettres EI CI.)

ÇII.....ωF. Caput informe.

℞ ..... (Figure d'une croix ancrée.) »

On connaît plusieurs monnaies du même genre que la première des deux qui précèdent ; mais la légende du droit est restée jusqu'ici inexpliquée. Au revers, on trouve toujours le nom du monétaire VVANDELEGISELO ou VVANDA-LEGISELO. Quant à l'A qui sur la monnaie de Naudin termine la légende, ce doit être un M mal lu, abréviation de *monetarius*.

A la page 105 du manuscrit de Peiresc sont décrits quatre tiers de sou mérovingiens « envoyez depuis dans des lettres, 1619 », savoir : un tiers de sou de Chalon, figuré dans Bouteroüe, p. 342, nº 12, et dans P. d'Amécourt, *Monnaies mérovingiennes de Chalon*, pl. V, nº 155 ; un autre avec les légendes A/DEMARO et AMBROVVIC figuré dans Bouteroüe, p. 336, nº 21, et Le Blanc, p. 78, pl. 3, nº 2 ; un troisième avec SCTA FLVRA figuré dans Bouteroüe, p. 349, nº 9 ; enfin, un quatrième dont voici la description :

« ARINCIAS ΓI. Caput. PRARINCIΛ.
ILOLENAS. (Figure d'une croix ancrée.) »

Les trois monnaies d'argent qui suivent (p. 105) appartenaient à Bigot.

Le champ de la première était occupé par une croix accostée de deux globules, sous laquelle un N et un X, puis un E et un S. La lecture de ces lettres est très incertaine. Peiresc a donné un fac-similé de la pièce que je ne puis reproduire ici, mais dont j'ai pris copie ; au revers, la légende

..OΛωATVω.

Je ne me rappelle pas avoir vu de pièce d'argent semblable à celle-ci :

« IIV..... VIVS. Tête sans barbe tenant un sceu et un espieu.
SMVSIVIII (Figure d'une croix dans un double grènetis.) »

La troisième monnaie d'argent ici décrite est un sceatta anglo-saxon du type de celui qui est reproduit dans le catalogue des monnaies anglo-saxonnes du Musée Britannique sous le n° 5 de la planche I.

La page 106 du manuscrit de Peiresc à La Haye est blanche. A la page 107 sont décrites quatre monnaies mérovingiennes royales, c'est à savoir un sou d'or et trois tiers de sou, envoyés au conseiller Jérôme Bignon :

« Numuli aurei primæ stirpis Meroveadar. ad Bignonem missi.

Numulus aureus. CLHOTARIVS R. Princeps imberbis paludatus diademate gemmato coronatus.

℞ VICTVRIA RCLHO. Crux globo insistens.

Aur. minut. ∽IC̄IBERTV∽. Crux globo imposita. MA.

℞ MA∽ΙΓΙA. Princeps imberbis gemmis coronatus.

Aur. minut. + DAϚOBERThVS RIX. Principis barbati caput margaritis coronatum.

℞ .....IIVMRIBORXA FIT. Crux inter Ω et A. »

L'exemplaire même de ce *triens* de Dagobert, du cabinet de Peiresc, a été dessiné dans Boutérouë, page 294. Un autre exemplaire un peu différent, gravé dans Boutérouë, *ibid.*, et tiré du cabinet de Harlay, est aujourd'hui au Cabinet de France.

« + CHLODOVEVS REX. Crux insistens litteræ ω. ELIGI.

℞ ΠΑRI∽INN · CIV. Caput imberbe margaritis coronatum, crinibus post terga retortis. »

Un exemplaire de cette monnaie de Clovis II tout semblable à celui dont la description précède est conservé au Cabinet de France.

Sur un morceau de papier collé dans le manuscrit de Peiresc, à la page 107, on lit :

« Celles de Dagobert et de Charibert pèsent 24 et 25 grains, qui sont 28 ou 30 s. Celles de Cabillono pèsent 22 et 24 grains, mais sont de bas or tenant de l'argent. Celles de ÇA ne pèsent que 20 ou 22 grains, mais sont de bon or. Celle de ...VICOREX pèse 17 grains. »

Cette note a été mal placée, car elle se rapporte à des tiers de sou trouvés à Uzès en 1621 et décrits à la page 113.

De la page 109 à la page 110 s'étend la description des mérovingiennes du cabinet de Paul Petau, sous le titre : « Francorum primæ stirpis numi aurei ex musæo Pa. Petavii. » La reproduire ici serait inutile, car toutes les monnaies dont Peiresc avait pris note ont été dessinées dans le *Veterum nummorum* Γνωρισμα (Paris, 1610), ouvrage très rare, réimprimé par Sallengre dans le tome II du *Novus thesaurus antiquitatum romanarum*.

A la page 113, description de tiers de sou d'or placés sous la rubrique « Goot. 1624, 19 sept. », dont je ne saurais donner l'explication.

« I. Bini aurei ejusdem cuneï.

DAGOBERTVᴄᴏ. Regis paludati caput gemmis coronatum.

℞ + REX DEVᴄᴏ. Crux gradibus et globo imposita inter VC, pro Ucetia. (Figure d'une croix potencée, accostée des lettres VC, sur un degré, sous lequel un globe.) Trouvez à Uzez l'an 1621 ; pèsent 1 denier d'or, qui sont 24 gr. 1 ou 2 plus ou moins qui vault 28 s. environ.

II. aur.

CHARIBERTVS REX. Caput imberbe diademate cinctum.

℞ BANNIACIACO FIIT. Cantharus ansatus] seu calix umc cruce ex eo prodeunte. (Figure d'un calice surmonté d'une croix.)

III. aureus.

NTARIBERTVS REX. Caput imberbe gemmis cinctum in corona laurea.

℞ BANNIACIACO FIIT. Idem calix.

IV. bini aurei.

CHARIBERTVS REX. Idem calix.

℞ MAXIMINVᴄᴏ M. Regium caput imberbe, diademate cinctum.

V.

ALARICO REX. Regium caput.

℟) .....ATODITA MVN... (Figure d'une croix accostée des lettres VC.)

VI. bini aurei.

TƎNOMIVJOЯVAM. (Figure d'une croix accostée des lettres Ϛ et A.) ϚABALORVM fortè.
MAVROLVS MONET.
℟) ЯAVЯ FICIT.
TIϽIƎЯVAϚ + principis caput; fortè *Gaugalis facit*.

VII. aureus.

+ DERNODERO. Regium caput; fortè TORNODORO, Tonnerre en Bourgogne.

℟) + VVINTRIO MONE. (Figure d'une croix accostée des lettres IV dans un grènetis fermé à sa partie inférieure par un globule.) In corona gemmea [1].

VIII. Septem aureoli.

+ CABILONNO FIT. Principis caput.

℟) + VVINTRIO MONETAROS. (Figure d'une croix chrismée accostée des lettres CA, dans un grènetis fermé à sa partie inférieure par un petit cercle centré.) Duo ejusdem cunei, alii duo ejusdem cunei in quibus tantum VVINTRIO MON; alii duo diversi cunei, in quibus corona gemmea soluta est.

M. Fraisse, au 2 octobre 1624, m'en a envoyé IX dont les VIII coustent XV lb. : II de la IIe sorte; I de la IIIe sorte; I de la VIIIe sorte; III d'ELAFIVS, un à la croix et les deux... [2]; I de Banniaciaco, sans une différence, d'ELAFIVS. »

La page 114 est blanche. A la page 115, description de bagues antiques dont le chaton était formé par des monnaies romaines. J'y relève la suivante, qui peut avoir quelque intérêt pour les archéologues lyonnais :

1. Au droit, la légende aurait dû être lue ISERNODERO. C'est un tiers de sou frappé à Izernore, aujourd'hui dans l'Ain.
2. Lacune dans le manuscrit. Peut-être faut-il suppléer « au calice ».

« Anulus aureus in quo gemmæ loco insertus aureus Antoni Pii, sub anno TR P XV, cum principe togato, globum dextra gerente. Il fut trouvé à Lyon et vendu à Jacquemin, l'orfèvre du change, et pèse six pistoles d'Espagne. Vendu au double. »

A la page 116, description de monnaies grecques et gauloises.

A la page 117, nous trouvons à nouveau des tiers de sou, un du roi wisigoth Ervige[1], un autre d'Orléans au nom du monétaire *Jaco*, un troisième de Besançon avec le nom de *Gennardus* lu *Bennardus*, un quatrième d'un atelier indéterminé, un cinquième de *Loco sancto* (Lieusaint) frappé par *Dacoaldus*, un sixième d'Izernore, un septième et dernier d'un lieu inconnu, mais appartenant à la Bourgogne orientale.

« + DN.И.N.ERVIG.VS R. Caput imberhe gemmis cinctum, ante stante cruce.

℞ + NARBONAPIVS. Crux gradibus imposita.

... ACO MONETARIVS. Caput gemmis cinctum.

℞ AVRELIANIS FIT. (Figure d'une croix ancrée.)

VESVNCIONE. Caput principis.

℞ BENNARDVS..... Crux gradibus imposita. MN

IISIIEOMVRIS. Caput barbatum, ut videtur.

℞ + MA + . Crux inter c o. (Figure d'une croix ancrée entre deux C opposés.)

LOCO...ANCIO. Caput principis.

℞ ... ACOALDOMON. Crux in corona gemmea.

DARNODERO FIT. Caput principis.

℞ .....IOALDOM. Crux inter SII. (Figure d'une croix accostée des lettres SII.

Aur. alius ignotus .....AV. Augusti caput.

℞ .....CONO. (Figure d'une croix potencée sur un globe, accostée des lettres SII.) »

Viennent ensuite les mots « Denier d'or au Pavillon », la

---

1. La monnaie d'Ervige est qualifiée *aur. med.* et non pas *aur. minut.*, comme les autres. C'était peut-être un demi-sou.

description d'un *aureus* de Vespasien, et au bas de la page, à gauche : « Goot. 15 febvr. 1822. p. 37 lb. 8 s. »

La page 118 est blanche. A la page 119 : « Envoyé dans une boette par Monsr de Logan de la part de mon frère de Vallavez, du 14 déc. 1609, receu à Aix le 20 dud. mois. »

Cette note est suivie de la description de monnaies de toutes sortes et de pierres gravées, description qui s'étend jusqu'à la page 122. En face de la plupart de ces pièces et spécialement des quatre tiers de sou d'or que nous y avons relevés, les mots « à Bruxelles ».

« TEVDIRICO. Caput imberbe gemmis coronatum.

℞ + ARASTES. (Figure d'une croix chrismée et pommettée.) Forté pro Atrebates, ubi sepultus jacet Theodoricus Fr. rex ap. Sancti Vedasti. »

Ce tiers de sou, attribué à tort à Thierry I, a été gravé dans Bouteroue, page 222, d'après un exemplaire du cabinet de Harlay.

Suivent deux tiers de sou de Duurstede et un autre d'un atelier indéterminé.

« DORESTATI FIT. Caput coronatum gemmis.

℞ MADELINVS M. (Figure d'une croix dont le pied repose sur un trait horizontal, sous lequel un globule entouré de points.)

DOREωTAT FIT.

℞ MADELNVS M. (Figure d'une croix analogue à la précédente.)

EA .... ICEⱢ.

℞ + ΦANNO.... N. (Figure d'une croix accostée au-dessus de la traverse de deux points, et, au-dessous, de deux C adossés.) »

A la page 123, parmi d'autres monnaies françaises, je trouve à noter deux tiers de sou mérovingiens, l'un de l'école du Palais, l'autre de *Catonaco*.

« ΠALATI MON. Principis caput,

⚜ ⋮ SCOLARE.Γ.A. (Figure d'une croix ancrée accostée des lettres E⋮IGI.)

La lettre qui manque en tête de la légende du revers est un E. Il existe au Cabinet des Médailles, provenant de la collection d'Amécourt, deux exemplaires du tiers de sou décrit par Peiresc. Ils ont été reproduits par feu M. de P. d'Amécourt dans son mémoire sur les *Monnaies de l'école palatine*, nᵒˢ 7 et 8 de la planche. On lit au revers ESCOLARE.E.Λ. Le premier point, placé entre les deux E, est très visible; le second, entre E et A me paraît être plutôt la partie inférieure d'une haste. Je pense donc qu'il faut lire ESCOLARE ETA. Ces trois dernières lettres seraient alors la fin de la légende du droit. Il y a d'autres exemples, dans la numismatique mérovingienne, de légendes se poursuivant ainsi d'un côté à l'autre de la monnaie. On aurait alors la formule PALATI MON‖ETA ESCOLARE. Quant au sens du mot *Escolare*, je ne puis adopter l'opinion de M. d'Amécourt, qui y voyait le titre du directeur de l'école palatine, l'Écolier, comme il l'appelle. C'est plutôt un adjectif qualificatif de *moneta*. Sur d'autres monnaies on lit *Escolare mone(ta)*.

« CATONACO FITVI. Caput
⚜ LEOBVLFVV FACT. Crux globo imposita. »

L'exemplaire de cette pièce de *Catonaco* décrit ici, dessiné dans Bouterouë, p. 342, nᵒ 16, et indiqué par lui comme étant dans le cabinet de Harlay, me paraît être celui qui se trouve aujourd'hui au Cabinet de France.

Au bas de la page 123, on lit une note dont le commencement est caché dans la reliure : « ... not 14 febr. 1612. »

Page 125 : « Mense octobri 1612. Ex museo viri clarissimi Paschasii Le Coq, domini de Montault. »

Petau a fait graver les monnaies mérovingiennes de la collection de M. de Montault dans son Γνώρισμα (éd. Sallengre, col. 1046, 2ᵉ planche, et col. 1049, 1ʳᵉ planche). Il est intéressant toutefois de reproduire ici les descriptions de Peiresc, car elles permettent de rectifier les desseins très mauvais du

Γνωρισμα et dont le plus grave défaut est de présenter des légendes complétées arbitrairement.

« Aurei.

Num. aur. insoliti ponderis. + BAIOCAS. Caput imberbe gemmis coronatum.

℞ + ROCCONE. (Figura) dextra columnæ innixa, sinistra victoriam ducens. Pondo denarior. III et gran. X à poix de march.

CONSERANNES. Caput gemmis coronatum [1].

℞ ... VLCEMERES. Figura stans, dextra volumen aut baculum tenens, sinistra vel pateram vel sertum. Pondo denar. I, gran. IIII. »

Le dessin de Petau donne pour légende du droit CONSERINNES.

« PARISIVS CIVE. Caput imberbe gemmatum.

℞ + RIVVOCCLE MON. (Figure d'une croix ancrée.) Pondo den. 1. ».

La légende du revers sur le dessin de Petau a été rendue de la façon suivante : MWVSOBE MON.

« ANDECAVIS. Caput, ut videtur, muliebre.

℞ VVNNVS MOI. (Figure d'une croix chrismée.) Gr. XXII. »

Le nom du monétaire est mal lu, c'est NVNNVS.

« BRIONNO VICO. Caput, ut videtur, muliebre.

℞ LEO MONITARI. (Figure d'une croix ancrée.) Gr. XXIIII. »

La première lettre de la légende du droit est un B. Sur l'exemplaire de Montault, la panse inférieure seule était visible; ce qui fait que le dessinateur de Petau a figuré un D.

« NIVIALCHA. Caput gemmis coronatum.

℞ XAISANARIO. Equus leoninis pedibus claudens (?). Den. I, gr. II. »

---

1. A partir de la monnaie de *Conserannes*, chacune des monnaies du cabinet de Montault est précédée des mots *Aur. min.*

Le Cabinet de France possède un tiers de sou provenant de la collection d'Amécourt qui diffère de celui-ci en ce qu'au droit le champ est occupé par une croix potencée sur deux degrés au lieu d'une tête ; mais au revers elle présente l'image d'un quadrupède et le nom du monétaire AIOANARIO.

« IIICLSTASTRO. Caput gemmis coronatum.

℞ ARMAVRINO MONET. (Figure d'une croix accostée des lettres CΛ). XXIII gr. »

Je ne sais quel est le nom de lieu inscrit au droit de cette monnaie. Mais au revers Peiresc aurait dû lire MAVRINO MONETAR.

« AXωONAO. Caput gemmis coronatum.

℞ + EDONE MO. (Figure d'une croix ancrée sur trois degrés, le degré supérieur soudé au pied de la croix.) XXIIII gr. trébuchant. »

Au droit, il fallait lire EXSONA, et au revers EBONE.

« + IUOUWΓIE. Caput imberbe gemmis coronatum.

℞ + VEVVI7O.I. (Figure d'une croix ancrée sur trois degrés ; le degré supérieur soudé au pied de la croix.)

+ ALEEUEFITIOC. Caput gemmis coronatum. ΛLEE-ꟅEFITIOC. *Alees imortalis*, lettres partie grecques, partie latines, et le langage partie latin, partie gothique.

℞ NOCVICTϽRVAωTꟅOVAN.

Nos victor tu autor fan
Ego victor tu autor domine.

(Figure d'une croix sur trois degrés ; de chaque bras de la croix se détache une chaîne de perles qui rejoint l'extrémité du degré supérieur ; sous les degrés ⸱◄⸱) Denar. I. »

J'ai transcrit à titre de curiosité l'explication singulière donnée par Peiresc des légendes de cette monnaie. Dans la légende du revers, il est facile de reconnaître une déformation de VICTORIA AVGVSTORVM.

« LOI.OωANTO. Caput gemmis coronatum.

℞ + DACOALDO. Crux in corona gemmea. (Figure

d'une croix soudée à un globe entouré d'un cercle perlé ; le champ entouré d'un grènetis.) XII gr.

(Page 126.)

+ DARA/LA8. Caput gemmis coronatum.

℞ + OPTATVω MONETAR. (Figure d'une croix sur deux degrés, accostée des lettres numérales VII ; le champ entouré d'un grènetis.) XXIII gr. »

La monnaie qui précède a été frappée à Moutiers-en-Tarentaise.

« PETROCORIVS. Caput humanum informe leonino similius.

℞ MARCEMVS. (Figure d'une croix potencée). XX gr. »

Le nom du monétaire inscrit au revers devait être lu MARCELLVS. La forme des deux L sur une monnaie de Périgueux conservée au Cabinet de France permet de se rendre compte de la faute de lecture commise par Peiresc.

« + SE ⊢INIAIO. Caput informe forte galeatum.

℞ ϚVNDENVS. Cor cruce insignitum. (Figure d'un cœur posé sur une croix potencée.) XXII gr.

ITIEVDEωILVS. Caput informe.

℞ .....LSTR .....SFI. Crux patea. (Figure d'une croix pattée.) Den. I. »

Le dessin de Petau donne pour légendes ITIEVDEMEILVS et RESTEVS MON. La légende du droit pourrait être restituée TIEVDEIωILVS.

« DOGMANE MONI. Caput coronatum gemmis.

℞ VVICVS...... (Figure d'une croix surmontée d'un trait horizontal, posée sur un piédestal carré sous lequel une croix ; accostée de 3 globules à gauche et 2 à droite.) Den. I. »

La collection d'Amécourt renferme un tiers de sou du même type que celui-ci avec les légendes :

DONNANE MONI et VVICVS FIT.

« + IϚORANVAVDO. Crux patea. (Figure d'une croix à branches égales, cantonnée de quatre points.)

℞ + VEREMVN...IIO. Crux in corona gemmea. XX gr. »

Cette monnaie est dessinée dans Petau, mais non pas sur les planches consacrées à la collection Montault.

Ici se place la description de deux tiers de sou pseudo-romains à légendes barbares, avec une Victoire au revers. Puis viennent des monnaies d'argent, dont une seule m'a paru être mérovingienne, probablement frappée à Orléans; elle est dessinée dans Petau (éd. Sallengre), col. 1042, 1ʳᵉ planche, 1ʳᵉ monnaie du 3ᵉ rang. La page 127 est consacrée à des monnaies royales françaises du quatorzième siècle. La page 128 est blanche. Enfin, à la page 129, une monnaie carlovingienne d'or[1] et sept mérovingiennes, qui suivent; chacune d'elles est qualifiée « Or petit. »

« ChILDIRICVS REX. Teste couronnée de perles.

℞ CHLOTARIVS REX. (Figure d'une croix accostée de MA, dans un cercle, au-dessous duquel CONOB.) Couronne de perles. »

Il est probable qu'il fallait lire au droit CHLOTARIVS REX, comme au revers.

« TEODOBERCIA. Teste ceinte de perles.

(Le revers n'est pas décrit.)

DAGOBERTVS REX. Teste de Dagobert; comme le seau S. Denys.

℞ ..... (Figure d'une croix accostée des lettres EL IGI.)

TEODOMERE... Teste de mesme.

℞ ..... (Figure d'une croix accostée des lettres Ω et A.)

CLODOVIVS REX.

℞ ..... (Figure d'une croix accostée des lettres Ω et A.)

DNIVSTINVS PPAVG. Teste pareille.

℞ ꝯABALORVM. (Figure d'une croix.)

AMBASIA. Teste pareille.

℞ ..... (Figure d'une croix.) »

1. En voici la description : CAROLVS. ℞ TVVANNA. Les exemplaires aujourd'hui connus de cette monnaie sont tous en argent; l'authenticité de la pièce décrite par Peiresc est donc douteuse.

A la page 130, monnaies carolingiennes. A la page 131 commence un recueil de textes relatifs aux monnaies de la première race, textes extraits des lois barbares et aussi des annales carolingiennes.

Peiresc ne se contentait pas de prendre en note la description des monnaies mérovingiennes conservées chez ses amis ; il les recherchait aussi pour son cabinet. L'inventaire de ses collections en mentionne un certain nombre[1], une centaine environ. Les descriptions de cet inventaire sont toutes ou trop sommaires ou trop erronées pour qu'il soit utile de les reproduire ici.

Je n'ai pas eu la prétention de faire une étude complète sur Peiresc numismatiste. Mais, au moment où l'État vient d'acquérir la meilleure partie de la riche collection de feu M. de Ponton d'Amécourt, ne convenait-il pas de jeter un regard sur les commencements de la numismatique mérovingienne pour rappeler les noms de quelques amateurs du dix-septième siècle qui, les premiers, ont songé à sauver ces petites pièces d'or si précieuses pour notre histoire, et que leur barbarie avait fait jusque-là négliger? J'ai saisi en même temps cette occasion de satisfaire au désir que j'avais d'apporter, comme numismatiste, mon humble offrande à Fabri de Peiresc, et de rendre à ce savant antiquaire la place qui lui est due dans l'histoire de la numismatique française, à côté de Petau et de Poullain.

---

1. Voyez une copie de cet inventaire déjà citée dans le manuscrit français 9534.

www.ingramcontent.com/pod-product-compliance
Lightning Source LLC
Chambersburg PA
CBHW060704050426
42451CB00010B/1257